Inhalt

Neue EU-Transparenzrichtlinie - Änderungen, die auf die Unternehmen zukommen

Kernthesen

Beitrag

Fallbeispiele

Weiterführende Literatur

Impressum

GENIOS WirtschaftsWissen Nr. 11 vom 07.11.2013

Neue EU-Transparenzrichtlinie - Änderungen, die auf die Unternehmen zukommen

Annett Kaindl

Kernthesen

- Die Pflicht zur Veröffentlichung von Quartalsberichten soll entfallen.
- Geplant ist die Einführung eines europaweiten einheitlichen elektronischen Berichtsformats.
- Die Vorschriften über die Beteiligungstransparenz werden ausgeweitet.
- Es erfolgt die Einführung eines Systems der

länder- und projektbezogenen Berichterstattung.

Beitrag

Gründe für die Überarbeitung der EU-Transparenzrichtlinie

Im Juni 2013 hat das Europäische Parlament einem Kompromissvorschlag zur Revision der EU-Transparenzrichtlinie zugestimmt. In einem nächsten Schritt muss nun der Ministerrat die Überarbeitung billigen. Danach ist der Weg frei für eine Veröffentlichung der Richtlinie im Amtsblatt der Europäischen Union. Im Anschluss erfolgt die Umsetzung in den Mitgliedstaaten. Die Hauptziele der Reform sind die Stärkung der Funktionsfähigkeit und der Informationseffizienz des Kapitalmarkts sowie eine Erleichterung der Anlageentscheidungen für die Investoren.

Die Vorgaben der Transparenzrichtlinie zur Regelpublizität sind nicht nur für kapitalmarktorientierte Unternehmen wesentlich. Die entsprechend der Richtlinie der Öffentlichkeit zur Verfügung zu stellenden Informationen sind aus den Wertpapiermärkten und dem modernen

Wirtschaftsleben nicht mehr wegzudenken. Sie bieten für Investoren und letztlich auch Gläubiger eine wichtige Entscheidungsgrundlage. Durch die Vorgaben in der Transparenzrichtlinie wird auf europäischer Ebene sichergestellt, dass wichtige Unternehmensinformationen europaweit bekannt gegeben und in den einschlägigen Datenbanken verfügbar gehalten werden. (1), (2)

Der nachfolgende Beitrag stellt die Änderungen vor, die die neue Transparenzrichtlinie im Bereich der Regelpublizität mit sich bringen wird.

Abschaffung der Quartalsberichterstattung

Die derzeit gültige Transparenzrichtlinie verpflichtet nicht zur Quartalsfinanzberichterstattung. Allerdings müssen Aktienemittenten, deren Wertpapiere zum Handel an einem organisierten Markt zugelassen sind, sogenannte Zwischenmitteilungen der Geschäftsführung erstellen und veröffentlichen. Diese Pflicht können die Emittenten allerdings auch durch Quartalsfinanzberichte erfüllen.

Nach dem Vorschlag der Europäischen Kommission soll die Pflicht zur Erstellung und Veröffentlichung von Zwischenmitteilungen der Geschäftsführung und damit mittelbar auch die Pflicht zur

Quartalsfinanzberichterstattung gänzlich entfallen. So kann der Verwaltungsaufwand insbesondere für kleine und mittelgroße Unternehmen reduziert werden. Die Europäische Kommission hält über den Halbjahresfinanzbericht hinausgehende unterjährige Informationen nicht länger für zwingend erforderlich, sondern gibt dem Gedanken des Bürokratieabbaus Vorrang. Zur Begründung führt sie an, dass Quartalsberichte für den Anlegerschutz nicht notwendig sind. Zudem fördere eine vierteljährliche Berichterstattung kurzatmige Entscheidungen der Unternehmen und behindere langfristige Investitionen.

Allerdings wird die Abschaffung der Quartalsberichterstattung mehrfach eingeschränkt:

Für die EU-Regierungen, die unbedingt Quartalsberichte fordern möchten, wurde ein Schlupfloch gelassen. Ein Mitgliedstaat darf zusätzliche periodische Berichte verlangen, wenn damit keine übermäßige bürokratische Belastung verbunden ist (insbesondere für kleine und mittelgroße Unternehmen) und die zusätzlich geforderten Angaben mit Blick auf die Investitionsentscheidungen von Anlegern verhältnismäßig sind. Die EU-Regierungen werden aufgefordert, erst einmal abzuwägen, inwieweit zusätzliche Berichtspflichten die Orientierung der Anleger an kurzfristigen Ergebnissen verstärkt und dem Mittelstand den Weg zum Kapitalmarkt verbaut.

Das Recht der Börsenbetreiber, zusätzliche Berichte zu fordern, bleibt von den im Rahmen der Transparenzrichtlinienüberarbeitung vorgenommenen Änderungen unberührt. (1), (2), (3), (4)

Ausweitung der Vorschriften zur Beteiligungstransparenz

Nach den Bestimmungen der Transparenzrichtlinie müssen börsennotierte Gesellschaften wesentliche Veränderungen im Aktionärskreis offenlegen(Beteiligungstransparenz).

Die Vorschriften über die Beteiligungstransparenz werden ausgeweitet, um das "Anschleichen" an ein Unternehmen zu erschweren. Zu diesem Zweck wird unter anderem die Liste der zu meldenden Finanzinstrumente ausgeweitet.

Zukünftig werden europaweit auch solche Finanzinstrumente mit einer Pflicht zur Meldung belegt, die eine dem Halten von stimmrechtstragenden Aktien oder von Optionen auf solche Aktien vergleichbare wirtschaftliche Wirkung haben. Einen Katalog der offenzulegenden Instrumente wird die Europäische

Wertpapieraufsichtsbehörde (European Securities and Markets Authority - ESMA) erstellen.

Die Europäische Kommission hat kritisiert, dass zu viele EU-Staaten die europaweit vorgegebenen Meldeschwellen durch abweichende nationale Regelungen verwässern. Beispielweise müssen Anleger in Großbritannien derzeit jede Veränderung von Beteiligungen um einen Prozentpunkt melden, während nach der Transparenzrichtlinie nur bestimmte Schwellenberührungen (5 %, 10 %, 15 %, 20 %, 25 %, 30 %, 50 % und 75 %) meldepflichtig sind. Dies wollte die EU-Kommission an sich durch eine weitgehende Vollharmonisierung des Transparenzregimes unterbinden. Der Kompromissvorschlag erlaubt nun allerdings doch wieder zusätzliche nationale Meldeschwellen. (2)

Einführung eines Systems der länder- und projektbezogenen Berichterstattung

Entsprechend der überarbeiteten Transparenzrichtlinie müssen die Mitgliedstaaten bestimmte Wirtschaftszweige verpflichten, einen Bericht über Zahlungen vorzulegen, die an staatliche Stellen geleistet wurden. Betroffen sind zunächst Unternehmen, die im Bereich der Rohstoffförderung und der Primärforstwirtschaft tätig sind. Eine Ausweitung der Berichtspflicht auf weitere Branchen ist sehr wahrscheinlich. Die Berichterstattung der Unternehmen soll dabei länder- und auch projektbezogen erfolgen. Im Gegensatz zur länderspezifischen Berichterstattung stellt die projektbezogene Berichterstattung allerdings weitgehend Neuland dar. Der Bericht muss spätestens sechs Monate nach Ende jedes Geschäftsjahres veröffentlicht werden und mindestens zehn Jahre lang öffentlich zugänglich bleiben. Die erfassten Unternehmen müssen die neuen länder- und projektbezogenen Berichte - im Falle der Konsolidierung - nur auf konsolidierter Ebene erstellen. Dabei ist wichtig, dass schon die Tätigkeit eines einzigen Tochterunternehmens im Bereich der Rohstoffförderung oder Primärforstwirtschaft dazu führt, dass das Mutterunternehmen einen konsolidierten Bericht vorlegen muss. (1)

Einführung eines europaweiten einheitlichen elektronischen Berichtsformats

Die Erstellung von Jahresfinanzberichten soll ab dem 1.1.2020 in einem einheitlichen elektronischen

Berichtsformat erfolgen. Voraussetzung dafür ist, dass die Europäische Wertpapieraufsichtsbehörde ESMA bis dahin eine entsprechende Kosten-Nutzen-Analyse durchführt. Hintergrund dieser Regelung ist der Gedanke, dass ein harmonisiertes elektronisches Format zum einen die Jahresfinanzberichterstattung und zum anderen die Zugänglichkeit, Auswertbarkeit und Vergleichbarkeit der Informationen erleichtern kann. Zur Festlegung des einheitlichen elektronischen Formats soll die ESMA Regulierungsstandards erarbeiten, die dann von der Europäischen Kommission erlassen werden. (1)

Verschärfung der Sanktionsvorschriften

Verstöße gegen die Transparenzrichtlinie wurden in der Vergangenheit aufgrund nur schemenhafter europaweiter Vorgaben zu den Sanktionen uneinheitlich geahndet, was zu unterschiedlichen Einhaltungsniveaus führte. Zur Lösung schlägt der Kompromissvorschlag Folgendes vor:

Die Transparenzrichtlinie wird zukünftig erweiterte Sanktionsbefugnisse verpflichtend machen. Die Mitgliedstaaten müssen dafür sorgen, dass die zuständigen staatlichen Stellen die Möglichkeit haben, Geldsanktionen zu verhängen, die hinreichend hoch sind, um abschreckend zu wirken.

Neben einer deutlichen Erhöhung des Bußgeldrahmens auf zwei Millionen Euro bei natürlichen Personen und zehn Millionen Euro bei Unternehmen können Letztere wie im Kartellrecht zukünftig auch umsatzabhängig mit einem Bußgeld belegt werden. Angedacht ist eine Strafe in Höhe bis zu fünf Prozent der jährlichen Gesamtumsatzerlöse oder bis zur zweifachen Höhe der infolge eines Verstoßes erzielten Gewinne. Des Weiteren haben die Mitgliedstaaten dafür Sorge zu tragen, dass entsprechende Entscheidungen unverzüglich bekannt gemacht und dabei zumindest Art und Charakter des Verstoßes und die Identität der dafür verantwortlichen Personen angeführt werden. Durch derartige öffentliche Bekanntmachungen soll eine breite Abschreckungswirkung erzielt werden. (1), (2)

Trends

Der Kompromissvorschlag muss nun das förmliche EU-Gesetzgebungsverfahren durchlaufen, mit einem Inkrafttreten der Richtlinie ist Anfang 2014 zu rechnen. Die Mitgliedstaaten haben dann zwei Jahre Zeit, um ihr nationales Kapitalmarktrecht an die überarbeitete Transparenzrichtlinie anzupassen.

Die länder- und projektbezogene

Finanzberichterstattung wird in der Zukunft für weitere Branchen verpflichtend werden: In den nächsten fünf Jahren wird die Europäische Kommission eine Ausdehnung der Berichtspflichten auf zusätzliche Wirtschaftszweige sowie die Frage prüfen, ob die Angaben des Berichts der Abschlussprüfung unterliegen sollen. (1), (2)

Fallbeispiele

Mit der Reform der EU-Transparenz-Richtlinie wird die gesetzliche Pflicht zur Erstellung von Quartalsberichten abgeschafft. In Deutschland wird sich wegen der weiter geltenden Vorgaben der Börse, die quartalsweise Geschäftsdaten verlangt, wohl nichts ändern. Im wichtigsten Börsensegment Prime Standard, in dem 340 der insgesamt 565 im regulierten Markt der Frankfurter Wertpapierbörse gelisteten Unternehmen gehandelt werden, schreibt die Börsenordnung Quartalsberichte vor. Die Deutsche Börse verfolgt die Reform der EU-Transparenzrichtlinie, lässt bisher aber offen, ob sie auf den Vorstoß aus Brüssel reagieren wird. Ein Firmensprecher erklärte, dass die für die Emittenten geltenden Transparenzanforderungen regelmäßig überprüft werden. (2), (3)

Weiterführende Literatur

(1) Erleichterungen und neue Pflichten - ein Überblick über die Regelpublizität nach der neuen EU-Transparenzrichtlinie
aus Betriebs Berater Heft 33/2013 Seite 1963

(2) Kompromissvorschlag sichert Spielräume EU-Transparenzrichtlinie regelt verdeckten Beteiligungsaufbau - Entlastung kleinerer Unternehmen von Quartalsberichten
aus Börsen-Zeitung, 13.07.2013, Nummer 132, Seite 13

(3) Die EU überlegt, Quartalsberichte abzuschaffen. Auch wenn in Deutschland keine Änderung zu erwarten ist, lehnen Aktionärsschützer die Pläne ab.
aus Handelsblatt Live vom 31.05.2013 um 15:31:00

(4) EU lockert Pflicht zu Quartalsberichten Barnier moniert Kurzfristdenken - Große Konzerne dürften an Praxis festhalten
aus Börsen-Zeitung, 31.05.2013, Nummer 101, Seite 9

Impressum

Neue EU-Transparenzrichtlinie - Änderungen, die auf die Unternehmen zukommen

Bibliografische Information der deutschen Nationalbibliothek

Die Deutsche Nationalbibliothek verzeichnet diese Publikation in der deutschen Nationalbibliografie; detaillierte bibliografische Daten sind im Internet über http://dnb.d-nb.de abrufbar.

ISBN: 978-3-7379-1429-1

© 2015 GBI-Genios Deutsche Wirtschaftsdatenbank GmbH, Freischützstraße 96, 81927 München, www.genios.de

Alle Rechte vorbehalten. Dieses Werk ist einschließlich aller seiner Teile – z.B. Texte, Tabellen und Grafiken - urheberrechtlich geschützt. Jede Verwertung außerhalb der Grenzen des Urheberrechtsgesetzes bedarf der vorherigen Zustimmung des Verlags. Dies gilt insbesondere auch für auszugsweise Nachdrucke, fotomechanische

Vervielfältigungen (Fotokopie/Mikroskopie), Übersetzungen, Auswertungen durch Datenbanken oder ähnliche Einrichtungen und die Einspeicherung und Verarbeitung in elektronischen Systemen.